JN088649

古建築調査
ハンドブック

山岸常人

岸　泰子

登谷伸宏

〈著〉

はじめに

　私たちの身のまわりには多数の古建築がある。中世までに建てられた建物は、その多くが国指定の重要文化財や地方自治体指定の文化財として守られているが、近世以降の建物は、その多くが充分な調査や研究もなされず、保護の手も行き届いていない。ましてや近代の建物はそこに歴史的・文化的な価値があるとすら思われていないものが多く、一顧だにされず取り壊されてしまうことも少なくない。一方で、近年では登録文化財として保護しようとか、改修の手を加えて新たな機能を付与して使い続けようとする動き（コンバージョンやリノヴェーション）も次第に増えてきている。

　過去に建てられた建物は、歴史的・文化的に価値があるだけでなく、我々の生活環境を形成する重要な要素として評価されるべきである。様々な時代に建てられた建物が使い続けられていくことによって、われわれの生活環境はより豊かなものとなっていくはずである。

　古い建物を文化財として保存してゆくにせよ、改修して使い続けるにせよ、その建物の歴史的・文化的な価値を認識しておくことは不可欠である。そのための調査はどのように行うのか。

　本書では、主に寺社・民家の建物を対象として、その歴史的・文化的価値や特質を調査する際の、調査項目・方法の要点を簡潔に解説する。調査の「こつ」といってもよい。本書を片手に調査を行っていただくことを目的としている。

　こうした調査によって、身のまわりの歴史的な建物の価値をみいだし、それを将来に伝えてゆく手掛かりとなれば幸いである。

令和３年７月

山岸常人
岸　　泰子
登谷伸宏

1　古建築調査の目的・手順・内容

1-1　調査の目的・手順

　古建築の調査とは、その建物の特色・価値を明らかにすることが第一の目的である。従って建物の平面形式・意匠・技法・構造などを客観的に把握する必要がある。それと同時に、その建物を時間軸の上に位置づけることも重要である。いつ建てられ、いつ改造されたかという建物の履歴は、建物の歴史を考える上でも、さらに社会や文化と建物を関連付けて理解する上でも、極めて重要である。

　また、建物は社会から孤立して存在しているわけではない。建物を建てた人々、建物を使った人々、建物を使って行われる人々の活動、その活動の背景となる社会の状況など、あらゆる事柄が、建物の理解や評価のために不可欠である。たとえば寺社の場合、寺院の本尊や堂内の荘厳、寺社の宗教行事、寺社を維持し宗教行事を行う社会集団、彼らの活動を支える経済など、建物に関わる事柄は芋蔓式に広がってゆく。民家も、生業やそのための作業、日常生活、冠婚葬祭など、人々の生活と建物とのつながりは多い。

　このように古建築の調査は、目的が何であるかによっても、内容の比重の置き方は変わってこよう。調査目的に添った項目の調査だけを行っていても、必ずしもその調査が実りあるものとなるとは限らない。明確な目的意識と共に、幅広い視野が合わさって、質の良い、豊かな成果を生む。

調査の手順

　古建築の一般的な調査の手順を以下の３つの段階に分け、それぞれの段階で行うことについて対応する章を示した。最初から順に読んでいっても、必要なところから読み始めてもどちらでもよい。

調査を始めよう

- ・調査の計画を立て、許諾を得る
- ・調査の手順や内容を決める　　　　　　　　　　　　　　　第1章
- ・事前に資料を調べる

現地に調査に行こう

- ・調査をはじめる前に　所有者等への調査内容の説明
- ・調査票を作成する
  　　特徴の把握・改造過程の調査・関連史料調査・聞き取り　　第2章
- ・平面図などを作成する
- ・写真を撮影する
- ・棟札・史料を調べる　　　　　　　　　　　　　　　　　　第3章

調査成果（報告書）をまとめよう

- ・図面を浄書する
- ・史料・類例を調査する　　　　　　　　　　　　　　　　　第4章
- ・報告書を作成する

写真を撮る

平面図作成の
ための実測をする

調査票を作成する

1-2　調査の内容

　調査の内容は、次の①から⑥がある。目的によってこのなかから調査項目を適宜選択する。

　① 事前調査

　　調査対象の建物や地域の歴史、周辺の社会の状況など、基礎的情報を収集しておく。たとえば、自治体史や既往の調査の情報（参考文献(3)〈33頁〉など）は不可欠である。

　② 一次調査（悉皆的な調査）

　　地域にある古建築がどこにどのくらい現存するのかを悉皆的に把握する調査である。地図をもとに網羅的に地区をまわり、主に外観から名称・所在地・構造形式・建設年代を調査し、写真を撮影する。

　③ 二次調査（現地での詳細な調査）［→2・3章］

　④ 関連史料の調査［→3章］

　⑤ 類例調査

　　建物の特性を明らかにするために、地域や形式ごとに類例を調べ、それと比較検討する。

　⑥ 報告書の作成［→4章］

COLUMN 1

調査に必要な道具・服装

○調査の準備は重要。道具のほか、服装にも気をつけよう。

○実測に必要な道具は、筆記用具（シャープペンシル、赤・青の油性ボールペン、消しゴム）、画板、調査票、方眼紙、コンベックス、懐中電灯、レーザー測距計など。写真撮影で使うカメラにはより光量の大きい外付けのストロボを用意しよう。

○服装は、動きやすく、肌の露出が少ないものがよい。アクセサリー類ははずしておこう。暑さ、寒さ、雨天、虫除けなどの対策、靴下の替えも忘れずに。

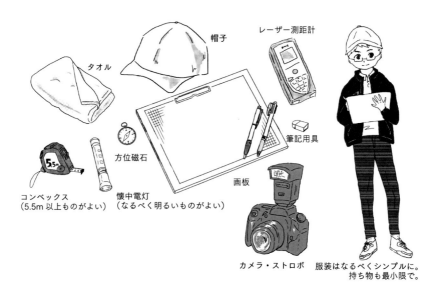

タオル　帽子　レーザー測距計　筆記用具　画板

コンベックス
（5.5m 以上ものがよい）　方位磁石　懐中電灯
（なるべく明るいものがよい）

カメラ・ストロボ　服装はなるべくシンプルに。
持ち物も最小限で。

※14・16 ページの「歴史的建造物調査票」は、勉誠出版の本書の紹介ページで pdf ファイルをダウンロードすることができます。

2　現地調査（1） —— 調査票・実測図の作成と写真撮影

2-1　調査の前に

　次の2点を中心に、現地でどのような調査を行うのか、計画を立てる。

① 調査票の作成・平面図など実測図の作成・写真の撮影[→2-2~4]

② 関連史料の調査[→3章]

　調査の目的によって、断面図・立面図・配置図の作成を加えたり、図面の精度を変える必要がある。たとえば、ある市に所在する近世の寺院建築の残存状況と特徴的な遺構を抽出するための調査であれば、平面図は 1/50 か 1/100 の縮尺で描けばよい。しかし、ある建物の修理計画を立てるための調査であれば、1/10 程度の縮尺の部分詳細図も必要となる。

　複数の調査員で調査するときは、現地調査の前に目的や内容を共有し、作業の分担を決めておくとよいだろう。

調査の許諾

　　調査の前には、対象となる建物の所有者・居住者・管理者の方との調整が必要である。調査の目的や方法などを丁寧に説明し、了解を得よう。

調査をはじめる前に

　　現地に着いた際には、まず所有者や地元の方々に挨拶をし、当日の調査の概要を説明しよう。寺社では礼拝も忘れてはならない。

　　調査中は礼儀・作法に注意を払わなければいけない。また、事故などがないように各自で充分に注意する。建物や建具に画板や懐中電灯などの持ち物が当たらないように周囲にも充分に気を配ろう。

2-2　調査票の作成

（1）調査票（調書）への記載事項[例　図1〜4]

《表面》

調査票（調書）には、調査対象建物についての情報をもれなく記載する。
以下の事項を文字と図面で明確に記録する（①〜⑦は図1中の番号と対応）。

① 調査日・調査者・建物名・所在地

② 建物から読み取った構造形式、材質など

　構造形式は、文化庁が国宝・重要文化財の構造・形式などを記す形式に
　倣うとよい。

　　☞参考：文化庁編集『国宝・重要文化財建造物目録』（第一法規、平
　　　成2年）、国宝重要文化財データベース（kunishitei.bunka.go.jp）
　　　建築部材用語は参考文献（2）〈33頁〉などを参照

③ 建物の建設年代・修理などの沿革[→11頁(2)]

　建設年代は1世紀を三等分して、前期・中期・後期に分けて判断する。
　明確な史料があれば、それを根拠に年代を決定する。
　建設後の修理の時期も判断するのが望ましい。

④ 建物の特徴

⑤ 建物の修理・改造の具体的内容[→11頁(3)]

⑥ 関連資料[→3章]

⑦ 所有者や地元の方などへの聞き取り

　建物の履歴（建設や修理）、使い方などを聞き取る。具体的には、寺院
　では法会のときの着座の位置、神社では祭礼・行事のときの使い方、民
　家では部屋名称、部屋の使い方（食事、寝所、冠婚葬祭時など）、生業
　との関わりなどを聞き取っておくとよい。書ききれない時は裏面に書く。

《裏面》

　調査票の裏面には方眼を切っておき、略平面を描き、その中に表面の欄に書ききれない事項を記録すると便利である。

　　・改造の痕跡の位置や特徴　・虹梁や隅木の位置　・復元図や変遷図

　　・彫刻の題材など　・仏壇・神棚や床の位置、床の段差など

（2）建設・改造の年代の検討

　建物の形式・技法、絵様・繰形[→COLUMN2]、風蝕、痕跡などを手がかりに建設や改造の年代を判断する。次に、棟札・金石文（墨書・瓦銘・金具銘など）がある場合はそれを確認し[→3-1・2]、建物からの判断の裏付けを行う。

　判断に迷うときもあるが、それを含めて検討の経緯は調査票にもれなく記入しておくとよい。

（3）改造の内容——痕跡のみかた

　古建築は、建てられてから現在に至るまでに、規模の大小はあるにせよ、改造を受けていることがほとんどである。そのため、調査では建物に残る改造の痕跡を観察し、その過程を復原的に知ることが重要となる。

痕跡を観察するときのポイント

・柱などの部材に、異なる木材で埋めた箇所（＝埋木）や圧痕があるかどうかを観察する。

　埋木や圧痕の輪郭から、もともと接合していた部材の種類が推測できる。

・壁・鴨居・仏壇框など柱に残る痕跡を見つけた時は、対面する柱にも同様の痕跡があるかどうかを確認する。

　ない場合は、その柱が転用材である可能性を考える必要がある。

・部材に風蝕の差があるかどうかを観察する。

　風蝕がある部分は、外部、または縁など外部に近い場所に面していたことになる。

改造の事例

　写真1は、浄土真宗寺院本堂の余間の仏壇廻りを撮影したものである。これをみると、現在の仏壇より約一間手前に立つ柱には、足元に仏壇框・羽目板の痕跡、天板の圧痕があり、長押もこの柱位置で継いでいることがわかる。さらに、中央の柱には板壁を固定する貫の痕跡がある。

　したがって、「当初余間の奥行きは浅く、仏壇は現在より約一間手前に設けられていたが、ある時期に仏壇を後方にずらして余間の奥行き深くした」という改造の過程を想定することができる。

　　☞部材と部材の接合の仕方、例えば柱に壁・鴨居・長押などがどのように取り付くのかをあらかじめ知っておくことが大切である。また、建物の類型によって改造のパターンがある程度類似していることが多いので、調査報告書や修理工事報告書などからそのパターンを学んでおくとよい。

　　☞改造の際に部材を取り除いた部分全体に板を貼り付けて痕跡を隠すことがあるので、部材の表面を注意深く観察すること。

写真1　痕跡のみかた

COLUMN 2
建設年代の判定と編年指標

○寺社建築では虹梁絵様や木鼻の繰形などの装飾が建設年代の有力な手掛かりとなる。

○絵様の渦や若葉の形状などを注意深くみていこう。時代・地域・大工の特徴などがみえてこよう。

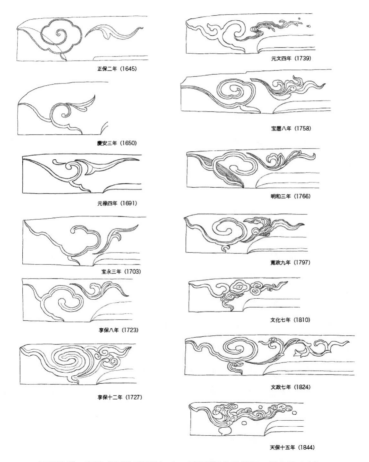

正保二年 (1645)

慶安三年 (1650)

元禄四年 (1691)

宝永三年 (1703)

享保八年 (1723)

享保十二年 (1727)

元文四年 (1739)

宝暦八年 (1758)

明和三年 (1766)

寛政九年 (1797)

文化七年 (1810)

文政七年 (1824)

天保十五年 (1844)

虹梁絵様の変遷（変遷が類似している滋賀県と兵庫県の例を並べた）

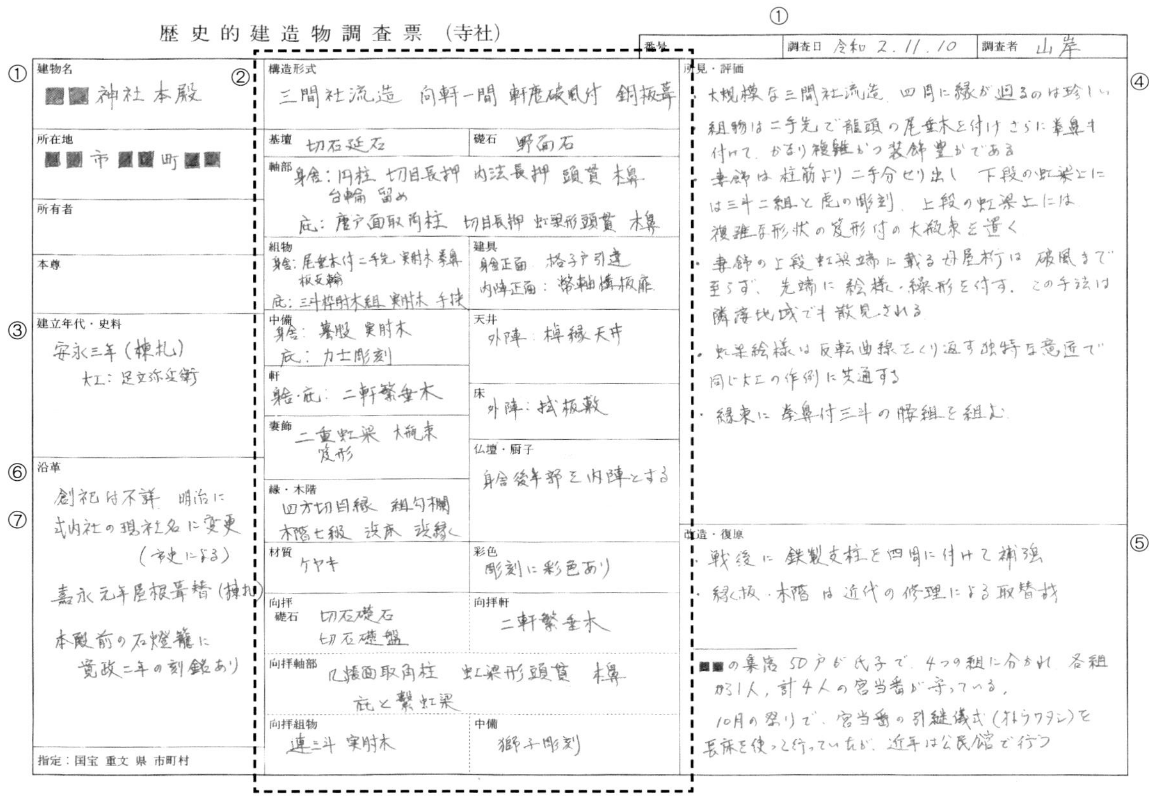

歴 史 的 建 造 物 調 査 票 （寺社）

| | 調査日 令和 2.11.10 調査者 山岸 |

① 建物名　■■神社 本殿
所在地　■■市 ■■町 ■■■
所有者
本殿

② 構造形式
三間社流造 向拝一間 軒唐破風付 銅板葺

基壇　切石 建石
礎石　野面石
軸部　身舎：円柱 切目長押 内法長押 頭貫 付
　　　応：扁平面取角柱
組物　身舎：尾垂木一手先 斗栱平三斗組
　　　応：三斗組肘木組 斗栱組物 手挟
中備　身舎：蟇股 実肘木
軒　二軒繁垂木
妻飾　二重虹梁 大瓶束
　　　懸魚・鰭子
天井　外陣　化粧屋根裏
床組　外陣　拭板敷
彩色　（彫刻に）彩色あり
向拝　礎石　切石塔石
　　　向拝柱　面取角柱
　　　向拝斗栱　連三斗 頭貫
　　　中備　連三斗＋彫刻

③ 建立年代・史料
創建は不詳 明治に
棟札（神札）
杠：延文六年

⑥ 沿革
創建は不詳 明治に
社内の現状を■に変更
（本社による）

⑦ 嘉永元年屋根葺替（棟札）
本殿右の石燈籠に
「嘉永二年の刻銘あり」

指定：国宝 重文 県 市町村

④ 所見・評価
（手書きの評価文）

⑤ 改善・復旧
（手書きの改善文）

図1　寺社の建物の調査票の例（表）

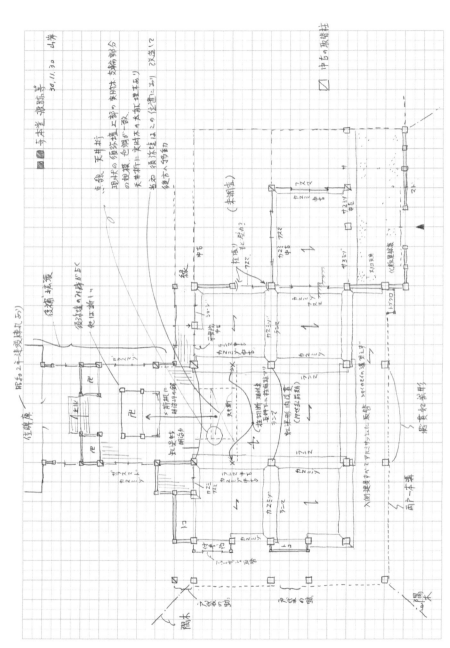

図2　寺社の建物の調査票の例（裏）（ここで示した調査票は表と裏は別の建物である）

歴史的建造物調査票（民家）

調査日 2020年7月14日　調査者 ［印］

番号

名称	N家住宅 主屋				
所在地	□□市□□町				

| 構造形式 | 木造、瓦葺、平屋、入母屋造、妻入り、南面突出附属 | | | | |

| 屋根葺材 | 桟瓦葺（本瓦） | | | | |
| 下屋 | 東面下屋庇 桟瓦葺 | | | | |

基礎 セメント石

小屋組 □民家組 □和小屋 □洋小屋
（材質・貫の数等）マツ他

軸部	部位	寸法	材質	仕上げ
	柱A（主柱）	395×285	ヒノキ	ちょうな
	柱B（ 〃 ）	151×153	ヒノキ	〃
柱	けた行 7間	15×163（軒回り他）	ヒノキ	〃
	はり間 3間	上記に同じ	クリ	マリがラナ
	エ間 2.10尺			

床高 床高部位

差物	部位	寸法	材質	仕上げ
	けた行 7間 はり間	180×158	マツ	ちょうな
	オクザシキ・デイ	322×110	マツ	ちょうな

法	部位	寸法	
内法	けた行・オクザシキ	5尺3寸	
高			

所見・評価	・大規模な茅葺農家。敷地の高いレベルより低い位置にある 主屋・納屋。主屋の南面には突出がある

立地・付属屋	納屋

建立年代・史料	・明治14年ごろに現在地に屋根を変えてきた際に、元の位置を確認した

改造 復原	・オリジナルはオクザリにある

指定	○重文　○県　○市町村　○景観

図3　民家の調査票の例（表）

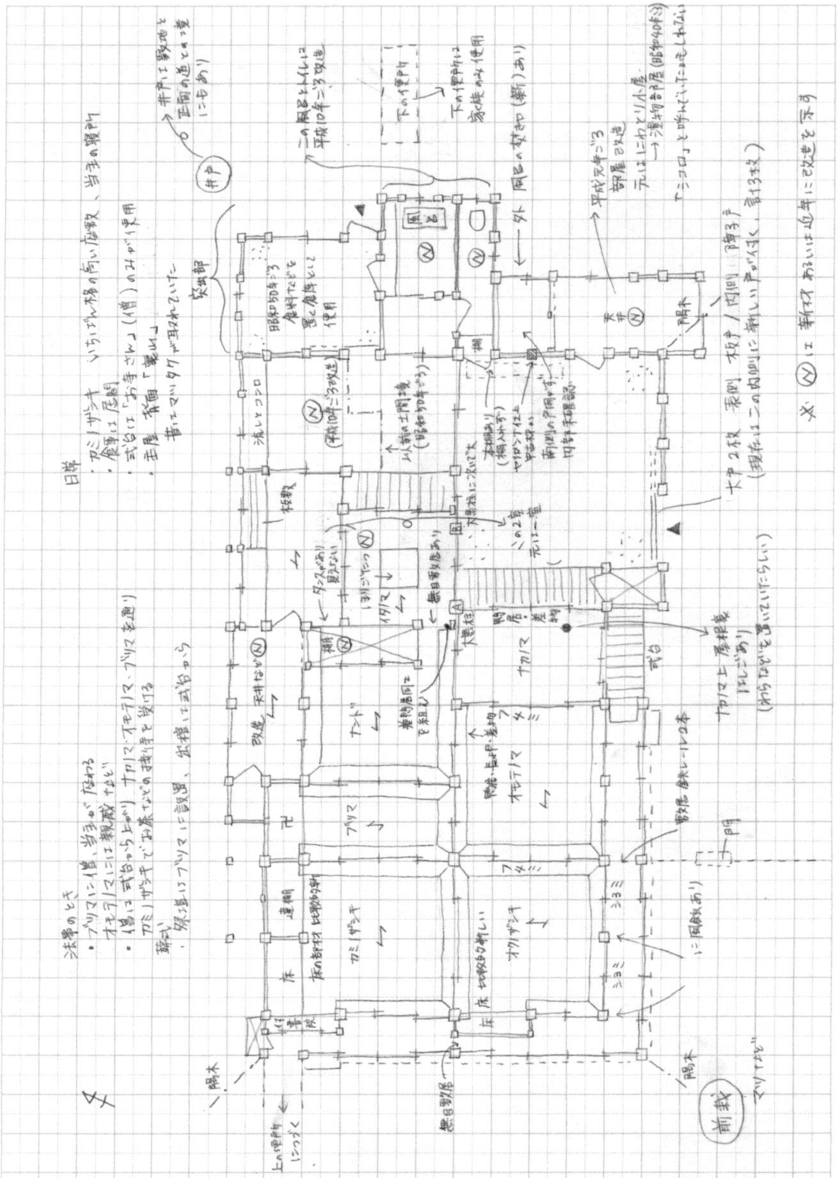

図4 民家の調査票の例（裏）

2-3　実測図の作成

（1）平面図の作成［例　図6・7］

実測図は方眼紙（5ミリ方眼もしくは1ミリ方眼）に描く。

平面図の作成・実測は①〜⑨の順に行う［例　図5］。

① 垂木の支数を数えて、全体のバランスを把握する。支数は方眼紙に書き留める。

　　☞「支（枝）」は垂木の心々間の間隔のこと。垂木が柱芯にないときは、隣り合う柱の間の垂木の数が支数になる。

② 柱、壁、建具の順番で平面図を描いていく。柱は実際のプロポーションよりもやや大きめに描いたほうが細部を描き込みやすい。畳敷きの建物ならば、畳の大きさを1㎝×2㎝に描くと約1/100の縮尺の図になる。

③ 断面（柱・壁・建具など）は濃いめの線で描き、見え掛かり（敷居・床の目地など）は薄めに描く。

④ 各部屋の内法材の種類、敷居・鴨居の溝の本数、建具の種類、長押・虹梁、天井の形式、床、床板の目地などを描く。表1に示すような記号で示すとよい。

⑤ 扉廻りなど細かい部材の組み合う部分は、用紙の空いたところに拡大して詳細に描く。

　　☞図面は方眼紙の枠内に収める。足りなければ別紙に描く。

⑥ 寸法を測り、赤ボールペンで実測値を書き入れる。できあがり見本は図6・7。柱間寸法の測り方は、COLUMN4（21頁）を参照のこと。

⑦ 民家の場合は、仏壇・神棚の位置、部屋名を記入する。出入口も記号で明記する。

⑧ 用紙の端に、建物名、調査日、実測者名を書く（これは断面図や配置図なども同じ）。

⑨ 調査できない部分（見ることができなかった場所）などはその旨を書

垂木が柱真（柱芯）に載るのか、
手挟むのかは記しておくとよい。

① 支数を数えて全体のバランスを把握し柱を描く。

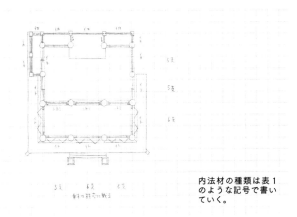

内法材の種類は表1
のような記号で書い
ていく。

②・③ 壁、建具などをメリハリを付けて描いていく。

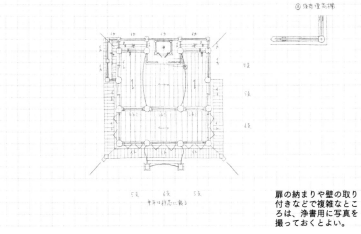

扉の納まりや壁の取り
付きなどで複雑なとこ
ろは、浄書用に写真を
撮っておくとよい。

④・⑤ 天井の形式や床などを描いていく。

図5 平面図の作成（①〜⑤は18頁の番号と対応）

き入れる。

調査後、実測図をもとに、調査票や写真を確認しながら浄書図を作成する。原則として、浄書は実測者が担当する。

表1　柱間装置・材料・天井・仏壇・神棚などの記号

柱間装置の記号	装置の種別
	板壁・嵌殺し
	土壁
	引違い扉
	片引き戸
	片開き戸
	両開き戸
	両折両開き戸
	〃
	蔀
	無双窓
	格子・連子
	出入口

材料等の記号	材料名
イ	板
ガ	ガラス
コーシ	格子
シ	障子
フ	襖
ト	戸・扉
ﾏ	窓
カ	壁

記号の組み合わせ
イト：板戸・板扉
イカ：板壁
ガマ：ガラス窓

天井の記号	天井の形式
	竿縁天井
	根太天井
	格天井

記号	名称
卍	仏壇
卅	神棚
	長押

COLUMN 3
図面の浄書の工夫

　図面を浄書するにあたって表現を工夫すると、見映えがよく、かつ情報の多い図面を描くことができる。

○断面を表す線を太く、見え掛かりを表す線を細く描くと、立体感のある見やすい図面になる。

○大きな段差がある部分は、段差に沿った線をやや太くするとよい。

○太い線同士が近接すると、報告書に載せた時に黒く塗りつぶしたようになることがある。断面として表現する線にも太さに差をつけるなど工夫しよう。また、線があまりに細すぎると、印刷した時に仕上がりがよくないので気をつけよう。

○天井の形式、虹梁、仏壇や神棚、床・棚、長押の廻っている範囲などを記号や言葉として図中に示すと、より情報量の多い図面となる。

○平面図を見て主体部と附属部、上屋と下屋が区別できるよう、寸法線の引き方を工夫するとよい。

COLUMN 4
寸法の測り方

　　近世の建物は尺寸で実測すると、計画寸法を把握しやすい。しかし、近世以前は1尺の長さが時代によって変化した。そのため、まずはミリで実測値を把握し、調査の後に1尺の寸法や計画寸法を検討するのが望ましい。

〇実測値は1ケタまで省略しない。

〇実測値は測った箇所に正確に記入する。

〇図面にはどこを測ったのか（真々なのか、引き通しであればどこを基点(0)としたのか、数字はどの部分をさしているのか）がわかるように書く。

〇寸法を測るときは、2人または3人のチームで役割を分担（コンベックスの端を持つ人、実測値を読む人、図に実測値を記入する人）したほうが効率がよい。その際、実測値にあやまりがないか相互にチェックする。

〇寸法を測るのは真々が原則。測りやすく正確なのは柱の角から角、肘木・斗の角から角を採る（下図参照）。それが難しい場合、柱径を測り、柱真を定め、真々の寸法を測る。ただしやや不正確なので注意すること。

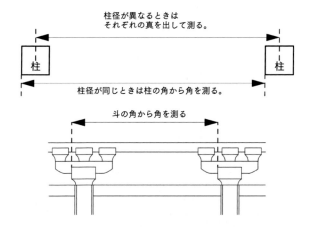

〇角柱の場合は、引き通しで柱の両側を測る。引き通しが難しい場合は、内法で測ってもよい。大黒柱筋など変則的な部分は注意する。

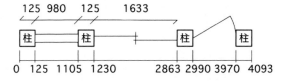

22

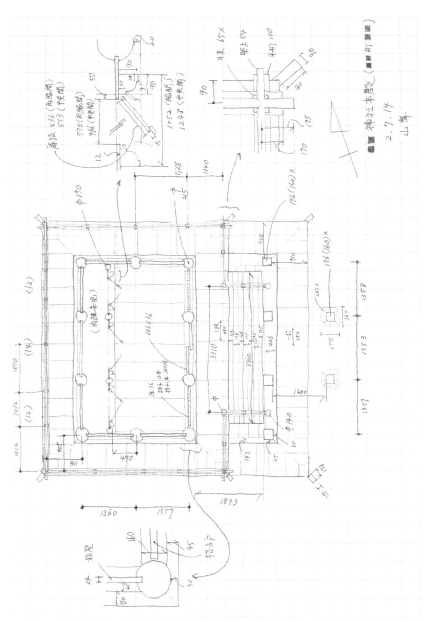

図6　平面図（寺社）の例

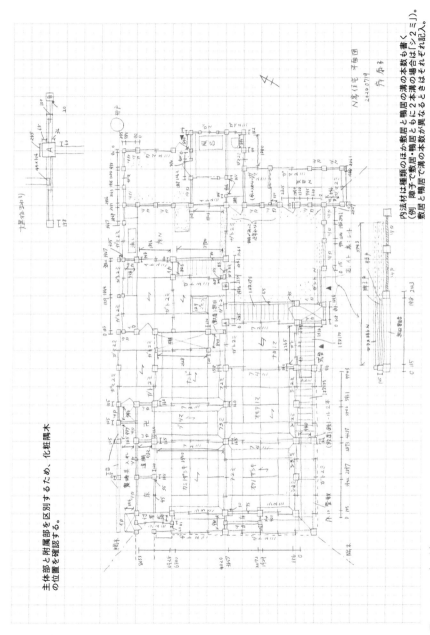

図7　平面図（民家）の例

（2）断面図の作成

　建物の構造（骨組）を知るためには断面図を作成することが有効である。

・梁行方向（棟と直角の方向）に建物を切った面で見えるかたちを描く。民
　家の場合、土間・部屋境で切って、部屋側を見た図を描くのがよい。

　　　　☞必要に応じて桁行断面図も作成する。

・縮尺は建物の規模によって定める。

・柱などは少し太めに描いたほうが細部の描き込みがしやすい。

・寸法は、床、内法貫、鴨居の下端などを基準にして、それをもとに上下に
　わけて採寸する。棟高、軒の出や軒高、屋根の勾配なども忘れずに。

　　　　☞断面図は建物の構造を知らないと描くのは難しい。修理工事報告書
　　　　などで類似した事例を理解した上で調査にのぞむべし。

（3）配置図の作成

・建物の屋根伏図を描き、建物名（呼称）と屋根葺材を書き入れる。また、
　敷地内の階段や垣のほか、敷地廻りの道路、水路、周辺の家の配置も描く。
　方位も入れる。

　　　　☞建物名は、所有者に聞くとよい。

・山の傾斜や木・生垣など、どのような環境のなかに建物が立地しているの
　かがわかるように工夫する。

・寺社では燈籠や狛犬、民家では井戸など生業や生活に必要不可欠な施設も
　描く。

・境内が整備された時期の参考になるので、石造物にある紀年銘などの銘文
　を図面内に書き入れておく。

・浄書は、都市計画図や住宅地図を下敷きに作成する。インターネットに公
　開されている地図、航空写真なども活用する。

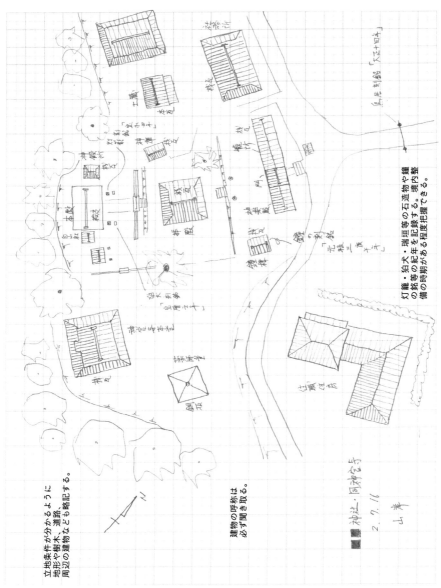

図 8　配置図の例

2-4　写真の撮影

（1）必要な箇所と順番

・最初に写真撮影票（建物名・所在地・日付・撮影者）を写す。

・建物の外観・内部・細部をさまざまな角度から撮影する。外観から内部
　へ、全体から細部へ、というように撮影の順番を決めて撮っていくとよい
　[→COLUMN5]。

・人間はなるべく写さない。不要な荷物もなるべく写さない。

　　　　☞調査先の調度類を移動させるときは、必ず所有者の許可を得る。
　　　　☞建物の使い方や規模を示したい場合は、人を入れて撮ることも有効
　　　　　である。

・写真は、報告書などに使う写真と、記録や覚えのための写真の両方が必要
　である。また、図面の浄書のときも使うので、建物周辺の景観や細部など
　も撮影する。

（2）撮影の注意点（良い例・悪い例）

外観・良い例◎　軒先から足下まで全体が入っている

外観・良い例◎　軒先が写っている　　　外観・悪い例×　軒先が真っ黒になっている

細部・良い例◎　絵様がはっきり写っている　　細部・悪い例×　組物や絵様が不鮮明

COLUMN 5
寺社建築に必要な写真

○撮影の順番の一例。

　外観正面→外観斜め正面→側面→背面→妻飾→向拝正面→向拝細部→向拝見返し→側廻り→側廻り細部→外陣正面→外陣斜め正面→外陣側面→外陣見返し→外陣架構・細部→内外陣境→内陣正面→内陣斜め正面→内陣見返し→内陣架構・細部→須弥壇・厨子→脇陣・後戸など→細部（絵様、しつらいなど）→小屋組→痕跡→史料→その他

○見返しは忘れずに撮っておこう。

○虹梁絵様は、斜め横からライトを照らして陰影をはっきりさせて撮るとよい。

○痕跡は、周囲を入れてどのような場所にその痕跡があるのかわかるように撮る。広い範囲を撮ってから詳細を撮る。

○既刊の建造物調査の報告書を参考にして、報告書に載せるべきカットを考慮して撮影しよう。

内部・良い例◎　床・天井・建具が写っていて室内が分かる

内部・悪い例×　部屋の空間的広がりが分からない

内部・良い例◎　建具は開けるか閉めるかされている

内部・悪い例×　建具の開閉が中途半端

内部・良い例◎　不要なものが写っていない

内部・悪い例×　調査者の荷物が写っている

3　現地調査（2）——棟札・史料の調査

3-1　棟札

　棟札は、建物の建設や修理に際し作成された木札である。建設・修理の年代、棟梁・大工・建築職人・屋根職人・石工・彫刻職人、施主・氏子など、建設に関わったさまざまな人・組織などが記された重要な歴史資料である。

・棟札は棟木に打ち付けてある場合が多いが、修理時などに下ろされて別に保管されていることもある。棟木や梁などの部材に直接墨で書かれていることもある。

　　　　☞小屋組を確認するためにも、必ず小屋は覗こう！その際は安全を図ること。

・釘で打ち付けてある棟札は、安易に取り外さない。

・棟札が複数ある場合は、年代順に、また工事内容（建設・再建、修理など）ごとに分類し、簡単なリストを作った上で、以下の順序で調査（採寸・撮影など）する。

　① 保管されている状態を撮影する。

　② 破損しないように留意して、平らなところに移動させる。移動させる場合は所有者や管理者の許可を得る。

　　　　☞白または灰色の布を持参し、棟札の下に敷くとよい。

　③ 建物ごとに分類したり、年代順に並べて整理する。

　④ 写真を撮る。表裏全体のほか、読みにくい文字や複雑な表記は部分的に拡大して撮影する。裏面に何も書いてない場合も撮影する。

　　　　☞側面や木口に文字や記号がある場合もあるので注意する。梵字は形をまねて写しておいた方がよい。札についたほこりは軽くはたく程度にし、濡れた布などでこすってはいけない。

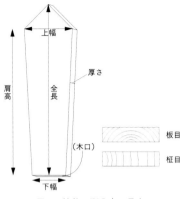

図9　棟札の測り方・見方

⑤　調査票に棟札があることを記入した上で、釈文を表→裏の順に記録する。保管場所も明記する。

⑥　採寸する。測る順番を決めておくと、測り忘れがない。例えば、全長→肩高→上幅→下幅→厚さの順に測る（図9）。特殊な形状の場合は略図を書き、そこに寸法を入れる。

⑦　材質、木取り（板目・柾目）、仕上げの工具（台鉋・鑓鉋・釿など）を記入する。木取りは木口をみると分かりやすい。

⑧　調査が終了したら元の位置に戻す。別途に保管することは避ける。

3-2　金石文・墨書

・擬宝珠・仏具・仏壇などに銘文がある場合がある。製作年代や職人、寄進者などが記されていることがあるので、写真を撮影し、記録をとる。

・部材には墨書がある場合がある。墨書の位置を記した上で、写真を撮り、釈文を記録する。

・小屋組には、建設年代や工匠名のほか、番付などが書かれていることがある。民家では、建具（棚や仏壇の襖の裏など）、仏壇、欄間彫刻の裏などに墨書がある場合もあるので、注意してみること。

3-3　文献史料

　現地調査の際、建物の図面や歴史を記した史料の所蔵の有無を確認する。所蔵されている場合、調査票にその概要を記入し、許可が得られれば撮影する。

　　　　☞寺社では由緒書など、民家では古写真・家相図などがある場合が多い。

・史料を持ち出して撮影・調査する場合は、必ず借用書を作成し、調査終了後は速やかに返却しなければならない。

・市町村の文化財・古文書担当者と協力し、棟札や古文書などの史料の所在や状況に関する情報を把握し、さらに共有することが望ましい。

COLUMN 6
現地調査後の史料調査
── 報告書作成にむけての準備

○個別に一棟の建物だけをみてもその価値は評価しにくいので、周辺の地域にある建物や同じ類型の建物などを調査して、相互の比較を踏まえながら、総体的な位置づけを行う必要がある。

○自治体史（都道府県史、市町村史）、地名辞典のほか、地誌などを確認してみよう。ほかにも神社誌などには棟札の写しが掲載されている場合がある。

○建造物以外の文化遺産の調査報告書（考古学、民俗学、美術史など）も入手し、建物の歴史を知る手掛かりがないかどうか調べる。また、公文書館・図書館・資料館・教育委員会が所蔵する古文書も確認しよう。

○戦前の郡誌は意外に情報が豊富。

4　調査報告書の作成

4-1　報告書作成の意義

　古建築の調査が終われば、調査報告書を作成することが望ましい。その意義は次の2点にある。

　・調査した建物の建築的・歴史的な価値を解明すること。

　・その価値を社会的にも広く周知すること。

　自治体の実施する調査などでは報告書の作成まで義務づけられていることが多いが、作成の義務がない調査の場合も、報告書を作成し、調査を許可していただいた所有者や関係者の方々へ手渡すよう心がけて欲しい。

> ☞報告書は、文化財指定や、登録文化財への登録の際に、その判断材料としても用いられる。所有者・管理者にその建物の価値を理解していただく手がかりにもなる。

・古建築の調査は、調査する者にとってはとても興味深く、楽しいものである。しかし、調査自体や、刊行された調査報告書が、所有者や地域の方々に多大な影響を及ぼすことも忘れないで欲しい。たとえば、調査者の評価によっては、その建物が登録や指定文化財になる可能性があるが、逆に所有者や地域の方々がそれほど価値のないものと考え、その取り壊わしにつながることもある。

・古建築の評価はできるだけ客観的であることが求められるが、どうしても調査者の主観や持っている知識が大きく反映する。常にそれを意識して調査に臨むとともに、日々古建築について学び続けることが大切である。

4-2　報告書に何を書くか

　報告書の内容は、調査の目的や内容により異なるが、以下の項目は最低限

記載する必要がある。また、報告書は専門家だけでなく、所有者や一般の方が読むことを想定して、どこに建物の価値があるのかを、できるだけ平易な文章で書くことが求められる。

(1) 調査の目的と方法

何のために行った調査なのか、どのような方法で進めたのかなどを述べる。以下の項目は調査の責任の所在を明らかとするために記載した方がよい。

- ・調査の目的や調査に至った経緯
- ・調査の体制
- ・調査期間
- ・報告書作成の役割分担　執筆者名を明記

(2) 調査を行った寺社や民家の沿革、それらの所在する地域の歴史

- ・寺社や民家の沿革、地域の歴史は、地誌や自治体史などを利用して書くとよい。

  ☞地域の歴史は、通史として書くのではなく、寺社や民家の歴史的な価値が明らかとなる事象を中心に記述する。

- ・過去の建物の姿や、儀式・生活の様子がわかる絵図や古写真などがあれば掲載する。

(3) 調査対象の建物の建築的な評価

建物の構造形式や意匠の特徴、文化財としての評価を文章・写真・図面で記述する。その際には以下の点に気を付ける。

- ・建築的・歴史的に評価すべき点を明示する。
- ・掲載する写真は、建物全体・細部の特徴がわかるもの、文章では表現しにくい部分を選ぶ。

  ☞写真は、紙面の許す限り数多く載せる。

- ・一般の方が手に取る可能性がある場合、構造形式など専門的な情報と、評価とをできるだけ区分して書くとよい。

(4) 地域における調査対象建物の価値付け

・調査した建物の特徴が、その地域でよくみられるのか、または独自性を持つのかというように、地域的に広くみて、その価値を評価をすることが重要である。

・報告書によっては、調査した建物を、将来的にどのように保存・活用していくのがよいのか、提案を行うことが必要になることもある。

(5) 発見史料

・調査において見出した棟札・瓦銘・金具銘・墨書などは写真と翻刻を掲載する。

・調査対象とした建物について、造営などに関わる古文書や絵図があった場合は、その翻刻を載せるとよい。

COLUMN 7
報告書の構成

上記の他にも、報告書の性格によっては、以下の事柄を記載する必要がある。

① 悉皆的な調査の成果

自治体単位での広域な調査の場合は、地域における建築類型や時代ごとの現存状況など、悉皆的な調査の概要を記す。

② 建築工匠

建物の作事に関わった工匠がわかる場合は、地域における工匠の活動やその地理的な範囲を明確にするため、その工匠の作例を可能な範囲で収集しておきたい。

③ 特記事項（特論）

類例調査や史料調査から新たに明らかとなった事柄がある場合は、それについて論考を付すことが重要である。

参考文献

（1）調査全般（基本図書）

- ・太田博太郎他『民家のみかた調べかた』（第一法規、昭和 42 年）
- ・文化庁歴史的建造物調査研究会編『建物の見方・しらべ方　江戸の寺院と神社』（ぎょうせい、平成 6 年）
- ・新建築学大系編集委員会編『新建築学大系 50　歴史的建造物の保存』（彰国社、平成 11 年）
- ・山岸常人『日本建築の歴史的評価とその保存』（勉誠出版、令和元年）

（2）構造形式や用語など

- ・綜芸舎編集部編『日本古建築細部語彙』（綜芸舎、昭和 45 年）
- ・近藤　豊『古建築の細部意匠』（大河出版、昭和 47 年）
- ・『日本の民家』（全 8 巻）（学習研究社、昭和 56 年）
- ・文化庁編集『国宝・重要文化財建造物目録』（第一法規、平成 2 年）
- ・濱島正士『寺社建築の鑑賞基礎知識』（至文堂、平成 4 年）
- ・日本建築学会民家語彙集録部会編『日本民家語彙解説辞典』（日外アソシエーツ、平成 5 年）
- ・文化庁監修『国宝・重要文化財大全　11・12　建造物（上・下）』（毎日新聞社、平成 10・12 年）
- ・中村達太郎『日本建築語彙（新訂）』（中央公論美術出版、平成 23 年）
- ・坂本　功他編『図説 日本木造建築事典：構法の歴史』（朝倉書店、平成 30 年）

（3）地域・建物の沿革など

- ・『日本歴史地名体系』（平凡社、昭和 54 年〜平成 16 年）
- ・自治体史（県史・市史・町史・戦前の群誌など）、寺院誌・神社誌
- ・国宝・重要文化財・都道府県指定文化財の修理工事報告書
- ・文化庁の歴史的建造物の緊急調査・総合調査報告（近世民家、近世社寺建築、近代化遺産、近代和風建築など、一部は集成して刊行）
- ・国立民俗歴史博物館編『社寺の国宝・重文建造物等棟札銘文集成：「非文献資料の基礎的研究（棟札）」報告書（平成 5、7 〜 9 年）
- ・水藤　真『棟札の研究』（思文閣出版、平成 17 年）
- ・秋山　敬『棟札の基礎的研究　主として甲斐国の事例を素材として』（岩田書院、平成 22 年）

執筆者紹介

山岸常人

昭和 27 年（1952）生まれ。京都大学名誉教授・京都府立大学文学部特任教授。工学博士。

著書に『中世寺院社会と仏堂』（塙書房、平成 2 年）、『日本建築の歴史的評価とその保存』（勉誠出版、令和 2 年）、『根来寺境内建造物調査報告書』（共著、総本山根来寺、平成 30 年）などがある。

岸　泰子

昭和 50 年（1975）生まれ。京都府立大学文学部歴史学科准教授。博士（工学）。

著書に『近世の禁裏と都市空間』（思文閣出版、平成 26 年）、『丹波市の歴史的建造物 I ～III』（共著、丹波市教育委員会、平成 27 年～令和 2 年）などがある。

登谷伸宏

昭和 49 年（1974）生まれ。京都工芸繊維大学デザイン・建築学系准教授。博士（工学）。

著書に『近世の公家社会と京都　集住のかたちと都市社会』（思文閣出版、平成 27 年）、『石畠山弘誓寺建造物調査報告書』（東近江市教育委員会、平成 31 年）などがある。

執筆分担

山岸常人

はじめに、1-1、1-2、2-1、COLUMN 2

岸　泰子

COLUMN 1、2-2（1）・（2）、2-3、COLUMN 4、2-4、COLUMN 5、3-1~3、COLUMN 6、全体取りまとめ

登谷伸宏

2-2（3）、COLUMN 3、4-1・2、COLUMN 7

イラスト作成

今村美賀子・長谷川巴南（いずれも京都府立大学文学部歴史学科）

本書は、科学研究費補助金基盤研究（（B）一般）「聖地・霊場の成立についての分野横断的比較研究」（代表　菱田哲郎）による研究成果の一部である。

※14・16ページの「歴史的建造物調査票」は、当社ホームページの本書の紹介ページでpdfファイルをダウンロードすることができます。
ファイルはパスワードによって保護されています。
パスワードを入力する画面が表示されましたら以下を入力してください。

　　　パスワード：35000（半角数字5桁です）

古建築調査ハンドブック

2021 年 7 月 1 日　　初版発行
2024 年 11 月 20 日　　初版第三刷発行
著者　　山岸常人・岸　泰子・登谷伸宏
発行者　吉田祐輔
発行所　㈱勉誠社
　　　　〒 101-0061　東京都千代田区神田三崎町 2-18-4
　　　　電話＝ 03-5215-9021（代）　FAX ＝ 03-5215-9025

印刷・製本　㈱ニューブック
ISBN978-4-585-35000-2　C0052

日本建築の
歴史的評価と
その保存

歴史的建造物をどのように調査し、その特質を読み取るのか、どのように保存を行ってゆくべきなのか。将来に伝えていくための考え方と、具体的事例を提示する。

山岸常人 著
本体 17,000 円 (＋税)

歴史のなかの根来寺
教学継承と聖俗連環の場

寺院史・政治史における最新の研究成果、また、遺構調査および文化財調査の新知見より、新義真言宗の総本山である根来寺の実像を明らかにする。

山岸常人 編
本体 3,800 円 (＋税)

醍醐寺文化財調査
百年誌
「醍醐寺文書聖教」
国宝指定への歩み

国内最多級の「紙の文化」の保存・伝承に尽力した人々の百年に及ぶ調査・研究の営みを振り返り、これからの文化財の保存と活用について提言する。

醍醐寺文化財研究所 編
本体 3,800 円 (＋税)

日本の文化財
守り、伝えていくための
理念と実践

文化財はいかなる理念と思いのなかで残されてきたのか、また、その実践はいかなるものであったのか。文化国家における文化財保護のあるべき姿を示す。

池田寿 著
本体 3,200 円 (＋税)